未讀
UnRead | 旅行家
未读之书，未经之旅

带上画笔
去纽约

未讀 Un read! 旅行家

一本给梦想家的涂鸦书

带上画笔
去纽约

完成100个创意提示，手绘大苹果城

插图作者：〔美〕梅丽莎·伍德

Illustrations by Melissa Wood

文字作者：

〔加〕米歇尔·洛、〔英〕莫妮卡·米汉、〔美〕乔安妮·沙维尔和〔美〕梅丽莎·伍德

Text by Michelle Lo, Monica Meehan,
Joanne Shurvell, and Melissa Wood

北京联合出版公司
Beijing United Publishing Co.,Ltd.

图书在版编目（CIP）数据

带上画笔去纽约：完成 100 个创意提示，手绘大苹果城 /（美）伍德等著绘；
Kasion 译 . —北京：北京联合出版公司，2015.5
ISBN 978-7-5502-5098-7

Ⅰ . ①带… Ⅱ . ①伍… ②K… Ⅲ . ①旅游指南—纽约
Ⅳ . ① K971.29

中国版本图书馆 CIP 数据核字（2015）第 080323 号

CITYSKETCH NEW YORK Illustrations by Melissa Wood
Race Point Publishing © 2014
Simplified Chinese edition copyright © 2015 United Sky (Beijing) New Media Co., Ltd.
Simplified Chinese Character translation rights arranged through YOUBOOK AGENCY,CHINA
All rights reserved.

北京市版权局著作权合同登记 图字：01-2015-1481

未讀 UnRead 旅行家　　关注未读好书

带上画笔去纽约
CITYSKETCH PARIS

作　　者：〔美〕梅丽莎·伍德 等
译　　者：Kasion
校　　译：王尔笙
出 品 人：唐学雷
策　　划：联合天际
特约编辑：赵　然
责任编辑：李　征　刘　凯
封面设计：满满特丸设计事务所

北京联合出版公司出版
（北京市西城区德外大街83号楼9层　100088）
北京利丰雅高长城印刷有限公司印刷　新华书店经销
字数40千字　880毫米×635毫米　1/16　11印张
2015年8月第1版　2015年8月第1次印刷
ISBN 978-7-5502-5098-7
定价：68.00元

联合天际Club
官方直销平台

CONTENTS 目录

如何使用这本书
HOW TO USE THIS BOOK

　　大都市是令人向往的。从令人惊叹的艺术和建筑，到多样的美食和人文风情，每个城市都在从不同的角度展示自己的独一无二。"带上画笔去旅行"系列是一套手绘书，完成一幅幅手绘，让心灵和喜欢的城市不断互动。书里的每一页介绍一项城市中的特色风物，文字部分包含该地有趣的奇闻逸事和充满创意的提示，展现城市独特而可爱的一面；剩下的则是留给读者的涂鸦空间。接下来，一切都交给创意和想象力，按照你的想法在这页完成手绘。"带上画笔去旅行"系列也可以作为辅助练习素描和涂鸦的工具书，提高你的创造力，或只是一本在纸上记录你最爱城市美好风景的画册。现在拿出你的画笔，开启梦想之旅吧！

Architecture
建　筑

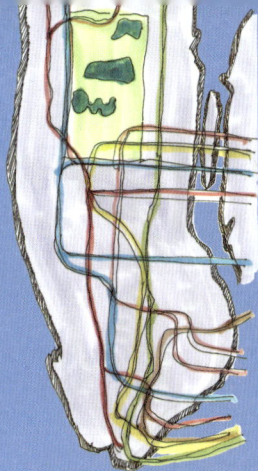

纽约圣三一教堂（1846年）
TRINITY CHURCH (1846)

　　一个半世纪以来，纽约圣三一教堂默默地矗立在曼哈顿下城的一角，位于原世贸双子塔的边上，见证了纽约的悲喜。在2001年"9·11"事件后那段痛苦的日子里，圣三一教堂曾作为临时的纪念中心，碑栏杆上挂着罹难者的照片，草地上摆满鲜花、蜡烛，象征着希望和安慰，为伟大又渺小的纽约市带来走出阴影的希望。

✎ 速写：在圣三一教堂旁是始建于公元1842年的圣三一教堂公墓，位于155大街和河滨大道交会处。纽约市前市长埃德·科赫、演员杰里·奥尔巴赫、博物学家约翰·詹姆斯·奥杜邦都长眠于此。设计并画出一块公墓的墓碑，要求墓碑上装饰着鲜花、照片和其他纪念物，可以用你自创的字体来书写墓志铭。

熨斗大厦（1902年）

FLATIRON BUILDING (1902)

给一个地标性建筑起一个小家电的昵称，这似乎不太可能。但是，在纽约就有一个这样独特的三角形建筑，它就是位于第五大道和第23街交口附近的熨斗大厦。芝加哥建筑师丹尼尔·纳姆巧妙地采用了三角形设计，充分利用了区域内狭长、熨斗形状的土地。该建筑将文艺复兴时期的建筑风格、美术派建筑风格和现代建筑设计集于一身。

✎ 速写：想象并画出一群摇滚乐迷从熨斗大厦旁匆匆走过，去参加在麦迪逊广场花园举行的演唱会的场景（熨斗大厦狭长的三角形顶端指向麦迪逊广场花园）。

28 STATION

N R UPTOWN queens

瑞吉酒店（1904年）

THE ST. REGIS (1904)

  瑞吉酒店是1904年阿斯托四世（John Jacob Astor IV）在登上泰坦尼克的不归之旅前创办的，瑞吉酒店的建造就是为了打造阿斯托家族酒店的标杆。从20世纪之初到现在，这个具有浓重美术派建筑风格的酒店，一直吸引着富裕的旅行家、名人以及其他上流社会的绅士名媛。在1934年，酒店迎来其标志性壁画——麦克斯菲尔德·派黎思（Maxfield Parrish）创作的《老国王科尔》，随后，酒店以此命名了自己著名的老国王科尔酒吧。

✏️ 速写：画出在华丽的酒吧中，一个调酒师正即兴调制血腥玛丽。

广场饭店（1909年）

THE PLAZA (1909)

优越的地点、富丽堂皇的大门和入住的社会名流让鼎鼎有名的广场饭店成为了纽约著名的地标建筑。广场饭店坐落于平整、郁郁葱葱的中央公园边上。酒店庄严而时尚的坡屋顶一方面衔接起花园的绿色，另一方面也让顾客有舒适的消费体验。

✎ 速写：描绘出一辆林肯城市轿车，刚刚到达广场饭店正门的情景。它带着一对魅力四射的夫妇，前往一家剧场观看晚场的演出，这对夫妇将在此后参加特别晚宴。

伍尔沃斯大楼（1913年）

THE WOOLWORTH BUILDING (1913)

　　伍尔沃斯大楼，哥谭镇（纽约的别称）的哥特式摩天大楼，有近60层楼高，曾因其傲人的高度闪耀曼哈顿下城。伍尔沃斯大楼是F.W.伍尔沃斯在1910年作为公司（和五分一毛廉价店同名）总部筹建的，建筑外墙有闪亮的釉面红陶面板，在一个世纪后的今天，仍然反射着阳光的温暖。

✎ 速写：为了向这座几代美国人心目中的地标性建筑表达敬意，绘制一个伍尔沃斯午餐柜台，配有凳子和冷饮柜台。

华尔道夫饭店（1929年）
THE WALDORF-ASTORIA (1929)

　　乔治·博尔特，一个普鲁士移民，曾经的酒店服务生，当他成为华尔道夫饭店的老板后，开创了纽约的欧式优雅酒店时代。乔治·博尔特乘坐着他的游艇航行在纽约北部的圣劳伦斯河，他点了一份沙拉，配上独特的酱汁，感觉十分美味，于是他决定以自己喜欢的"千岛群岛"来命名这种酱料，也就是我们熟知的千岛酱。华尔道夫饭店附近这片20世纪初的曼哈顿精英区域有一个独特的昵称——"百万富翁胡同"。

✏ 速写：设计一份能体现跨世纪华丽底蕴的菜单，包括当时的菜品价格。不要忘了，要点缀着千岛酱。

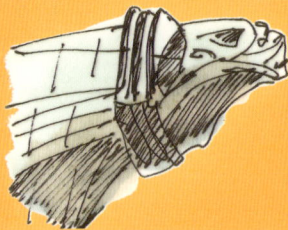

克莱斯勒大厦（1930年）

THE CHRYSLER BUILDING (1930)

克莱斯勒大厦那闪闪发亮的标志性设计风格，曾经是美国汽车设计的代名词，每辆在底特律装配生产的克莱斯勒汽车，都采用类似大厦装饰的镀铬细节。作为美国工业长期以来的代表性建筑，克莱斯勒大厦闪闪发光的壮观设计被公众广泛认可，是装饰艺术时代的杰出代表。

✎ 速写：画出克莱斯勒大厦周围中规中矩的建筑物。

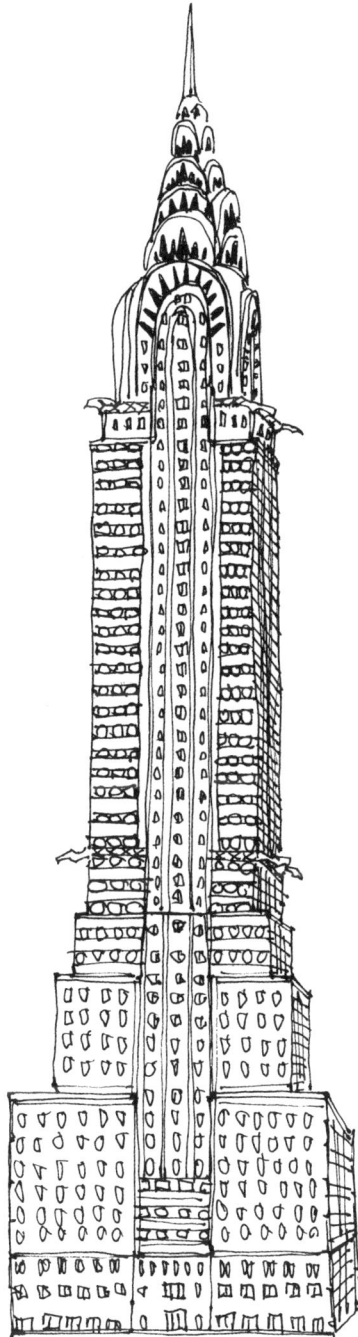

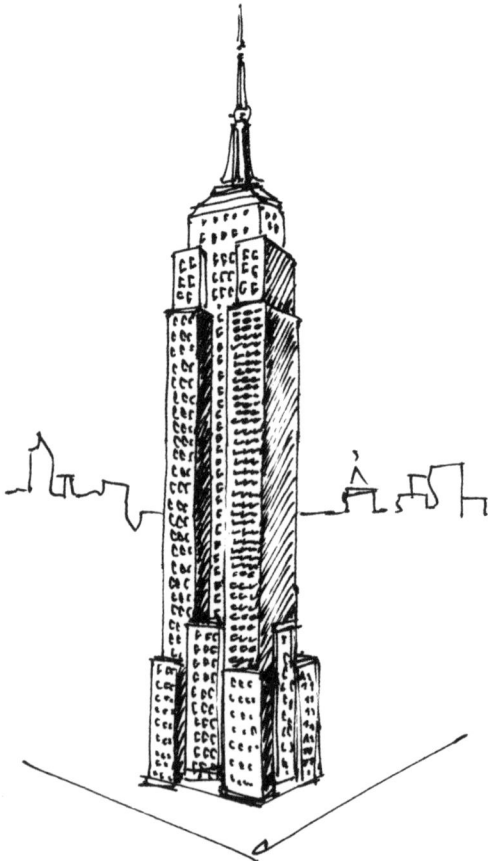

帝国大厦（1930年）

THE EMPIRE STATE BUILDING (1930)

　　乘电梯到达帝国大厦的顶端，你会找到最好的公司。感谢导演们，无数部电影的经典场景发生在帝国大厦的观景台上，卡里·格兰特、德波拉·克尔、梅格·瑞恩和汤姆·汉克斯……仅仅列出其中部分名字就足以让游客心驰神往了。帝国大厦建成于1930年，时逢美国经济大萧条，这座摩天楼曾在很长一段时间内保持了"世界第一高楼"的荣耀，它成了世界的一盏明灯，昭示纽约的与众不同。

　　✏ 速写：从曼哈顿帝国大厦的观景台上向南看，绘制自由女神像。

THE UNITED NATIONS HEADQUARTERS (1947)

在经历第二次世界大战的战火后，美国成为世界头号强国。联合国，一个由时任美国总统富兰克林·罗斯福倡导并建立的联合26个国家、共同对抗轴心国的组织，其总部在纽约成立。联合国总部的设计是由跨国的建筑师团队合作完成的，体现了这个组织对未来的明确目标。

✏ 速写：设计一款邮票，表现从东河边看到的联合国总部大楼。

美国电报电话大厦（1984年）

AT&T BUILDING (1984)

美国电报电话大厦（AT&T大厦）的设计师是菲利普·约翰逊。他的这个设计给他杰出的职业生涯带来了深远的影响。远观这座建筑，就像一座大的"玻璃房子"，这种大胆的后现代设计，在当时是令人困惑并存在争议的。美国电报电话大厦于1984年完工（现称索尼大厦），标志着建筑的后现代时代的来临，这种大胆的、类似于经典的托马斯·齐彭代尔家具的外观设计，给当时的人们带来惊喜。

✎ 速写：画出美国电报电话大厦，注重细节和线条的垂直度。

环球航空中心，约翰·F.肯尼迪国际机场（1962年）

TWA FLIGHT CENTER, JOHN F. KENNEDY INTERNATIONAL AIRPORT [1962]

环球航空公司有一个响亮的口号——带着它的乘客实现到其他世界的梦想旅行。肯尼迪国际机场太空时代风格的航站楼代表一扇通往未来的大门，它的设计充满了时尚感和现代感，将火车和汽车的世界远远抛在后面。

✎ 速写：画出20世纪60年代，一队穿着入时的旅客等待登机的场景。

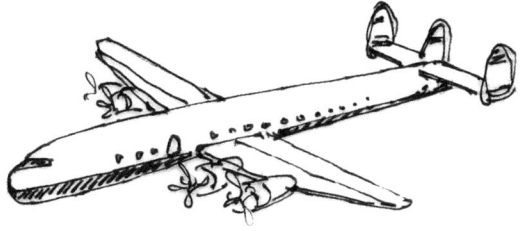

自由塔（2013年）

FREEDOM TOWER (2013)

　　作为美国人精神信念与人类精神的鲜活体现，自由塔坐落于曼哈顿最令人悲伤的土地上（译者注：这里是"9·11"袭击事件中倒塌的原世界贸易中心旧址），它像一座纪念碑，既体现对逝者的纪念，也体现着后人守护自由的誓言。

✎ 速写：想象着画出此地的纽约天际线，着重体现象征新的守护者和自由精神的自由塔。

Greetings From

NEW YORK

Art

艺 术

现代艺术博物馆〈MoMA〉

MUSEUM OF MODERN ART (MOMA)

纽约现代艺术博物馆建于1929年，其永久收藏的藏品可以追溯到19世纪早期，是当今世界最重要的现当代艺术博物馆之一。

✎ 速写：梵高的《星夜（The Starry Night）》（1889），是现代艺术博物馆著名的藏品之一，请根据这幅名画，完成一幅对星空的临摹，包括爆发的恒星，不要忽略画的右上角代表清晨即将来临的、黄色的金星。

ART

弗里克收藏馆

THE FRICK COLLECTION

　　弗里克收藏馆坐落在第五大道上，原是来自匹兹堡的焦炭大王亨利·弗里克的住所。在这座19世纪的纽约豪宅中，能欣赏到包括伦勃朗、维米尔、盖恩斯伯勒、戈雅以及惠斯勒等艺术大师的杰作。

🖉 速写：请欣赏美国艺术家詹姆斯·麦克尼尔·惠斯勒的画作《肉色和粉色的交响曲——弗朗西斯利兰夫人（Symphony in Flesh Colour and Pink: Portrait of Mrs. Frances Leyland）》，根据该画，画出素描，注意画幅左侧精美的白花，它们与夫人衣服上的玫瑰花结相映成趣。

惠特尼美国艺术博物馆

WHITNEY MUSEUM OF AMERICAN ART

惠特尼美国艺术博物馆由雕塑家葛楚·范德博尔特·惠特尼女士于1931年创建，以展示美国艺术家的作品为主，通常简称为"惠特尼美术馆"。

✎ 速写：捕捉著名画家乔治娅·欧姬芙画作《音乐，粉色和蓝色2号（Music, Pink and Blue No.2）》（1918）中线条柔和的粉彩花瓣的形态，通过临摹这幅画，来再现欧姬芙的"大千世界的奇迹"。

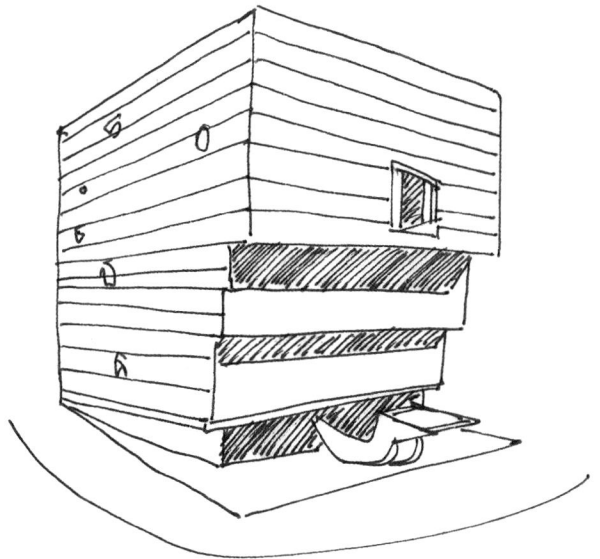

纽约大都会艺术博物馆

THE METROPOLITAN MUSEUM OF ART

　　大都会艺术博物馆的藏品十分丰富，从美国传统绘画和罗马雕塑到复杂精致的伊斯兰文化精品，该博物馆的藏品总数超过200万件。

✏ 速写：画出哈特谢普苏特的狮身人面像（约公元前1473年至公元前1458年）上戴着折叠头巾的头部。这件7吨重的花岗岩雕像，再现了强大的女法老哈特谢普苏特，它是馆藏的若干狮身人面兽中的一座。

布鲁克林博物馆

BROOKLYN MUSEUM

布鲁克林博物馆是美国规模最大、历史最悠久的博物馆之一。馆中有一整层楼用来展现美国的艺术品，从约翰·萨金特、玛丽·卡萨特和温斯洛·霍默的画作，到基思·哈林和奇奇·史密斯的当代艺术作品，藏品十分丰富。

✎ 速写：玛丽·卡萨特以朴素地描述母亲对幼儿的关怀的主题画作出名，在右侧补充完整玛丽·卡萨特的《戴帽子的女孩（Young Girl with A Bonnet）》（1904），试着画出画中女孩若有所思的样子。

纽约古根海姆博物馆

THE GUGGENHEIM

　　纽约古根海姆博物馆全名为所罗门·R. 古根海姆博物馆，由美国建筑师弗兰克·劳埃德·赖特设计，于1959年对公众开放，主要展示古根海姆家族的私人收藏的近现代艺术杰作。

　　✎ 速写：画出印象派画家埃德加·德加著名的《黄色和绿色背景下的舞者（Dancer in Green and Yellow）》（1903）里舞台中心的芭蕾舞演员。注意，舞台幕布后面似乎有即将登台的舞者在张望。

费格门特艺术节

FIGMENT

费格门特艺术节，一个鼓励艺术家和观众之间积极互动的艺术活动，每年夏天在纽约总督岛的阅兵场上组织互动雕塑公园主题展出。

✎ 速写：完成右侧名为"回响"的木雕的绘制，它由相连的木制八面体底座和颜色鲜艳的橡胶球组成。它的独特之处在于采用弹跳球创造出一系列不同的声音。这组互动模块木雕是由克里斯·尼德雷尔、玛丽亚·里佐洛和埃米莉·韦伯斯特共同创作的。

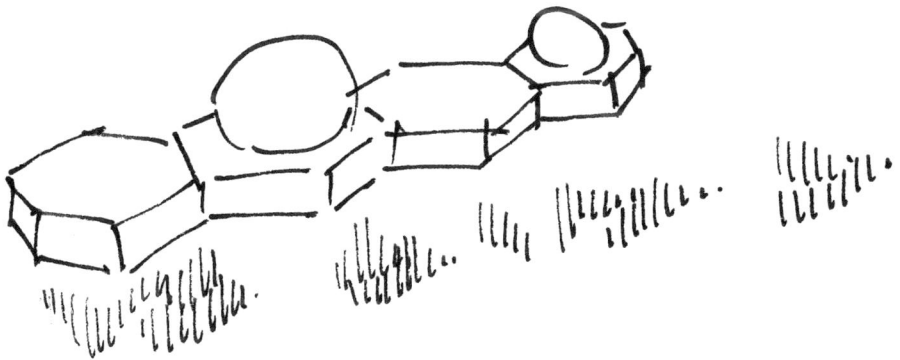

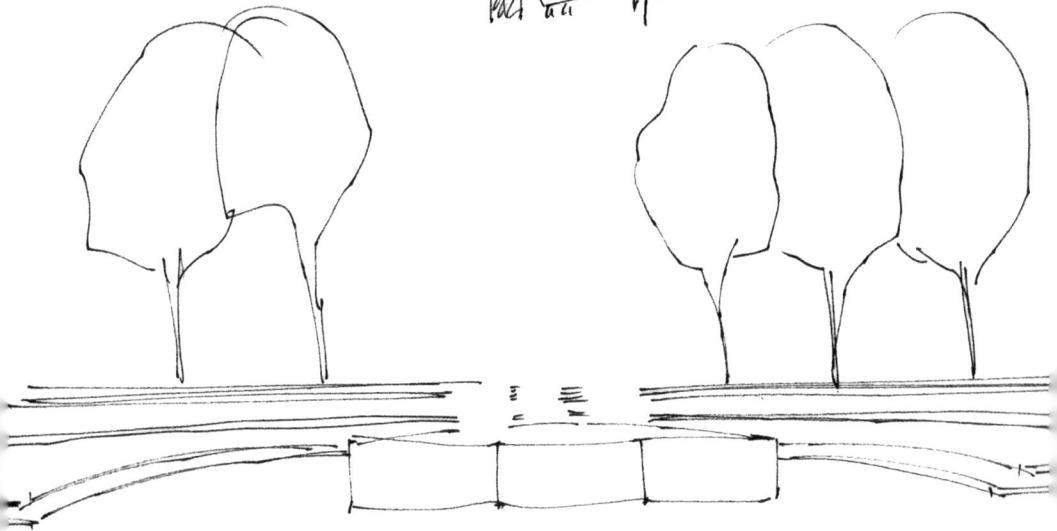

central park

公共艺术

PUBLIC ART

　　纽约大街上充满了令人印象深刻的公共艺术作品，比较著名的有华尔街上的阿图罗·迪-莫迪卡创作的华尔街铜牛（1987—1989年）和上东城的凯思·哈林创作的亮橙色背景下的反吸毒壁画《吸毒变疯子》（Crack is Wack，1986年）。

✎ 速写：绘制中央公园东北角的九座女性雕像，它们是由罗伯特·格雷厄姆创作的，是30英尺（约9.1米）高的艾灵顿公爵纪青铜念碑（1997）的支撑物。

LOVE雕塑

LOVE SCULPTURE

　　在第六大道55街，矗立有波普艺术家罗伯特·印第安纳著名的雕塑 LOVE（1970年），20世纪60年代，它最初是为了一张邮票创作的。从那时起，这个标志性的作品以各种形式在世界各地多次被复制。

✎ 速写：画出整个雕塑，选择红色作为字母的外部颜色、蓝色作为字母的内部颜色。要画上一些站在雕塑旁边的行人。

迪亚艺术基金会的纽约土壤之屋

DIA ART FOUNDATION, *THE NEW YORK EARTH ROOM*

    迪亚艺术基金会纽约土壤之屋位于纽约Soho商业区，是一件室内装置艺术。它是由沃尔特·德·马利亚创作的，它是一个明亮的大房间，里面充满了新鲜的泥土，在它的一面墙上开了一个口，以便观察，自1977年起做定期维护。

✏️ 速写：绘制出在有落地窗的房间里，齐腰高的深色土壤与白色墙壁的鲜明对比。

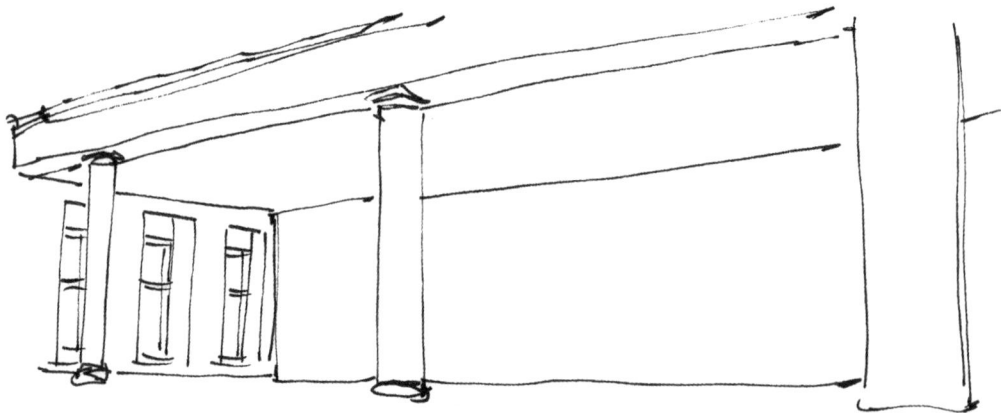

皇后区艺术博物馆

THE QUEENS MUSEUM OF ART

 位于法拉盛草地公园的皇后区艺术博物馆以能看到纽约市缩小比例模型而闻名，这个包含五个区的模型是为1964年纽约世界博览会而特别建造的。这里有大量梦幻般的蒂芙尼的玻璃制品，包括灯、窗户，这些都是新艺术运动的一部分。

 速写：完成绘制由路易斯·康福特·蒂芙尼设计的手工彩绘玻璃灯罩上的水仙花。

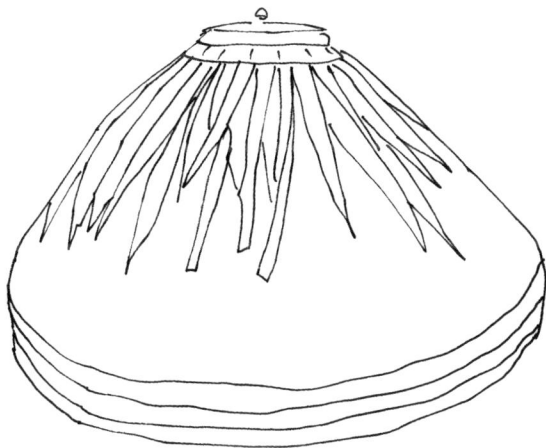

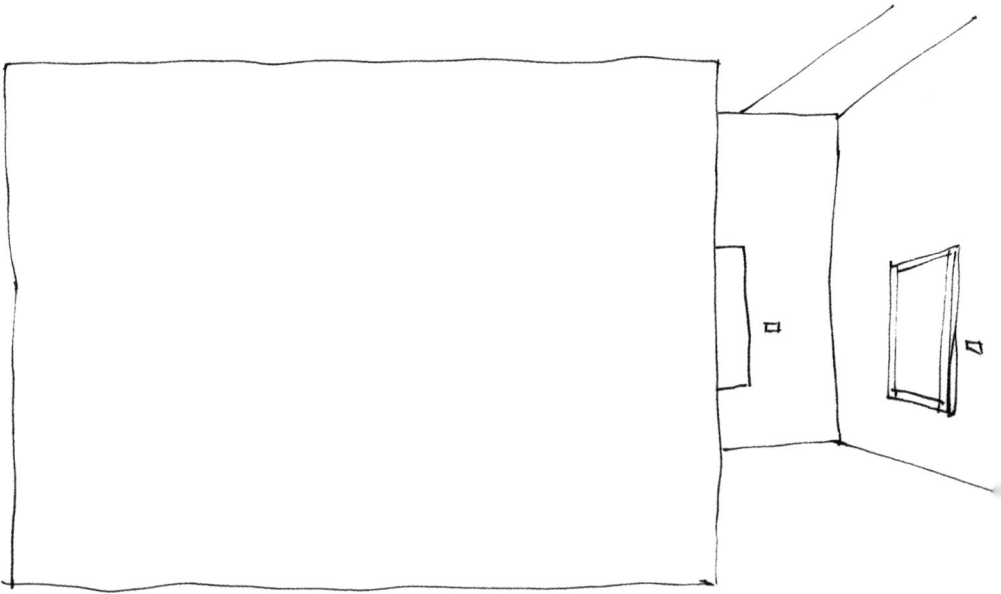

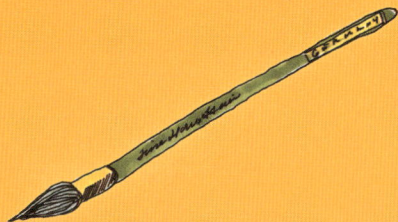

位于第24街的切尔西艺术画廊区

CHELSEA ART GALLERIES ON 24TH STREET

你不必为欣赏重要的艺术品而奔波于各大博物馆，位于第24街的切尔西艺术画廊区就是一个不错的选择。在切尔西画廊区内，除了艺术大亨拉里·高古轩设立的画廊分号之外，这里还常常举办不同艺术家的临时特展，如毕加索、安迪·沃霍尔、达明安·赫斯特等等。

✏️ 速写：想象一下毕加索的早期作品，如著名的《亚威农少女（The Young Ladies of Avignon）》在切尔西艺术画廊的白色墙壁上展出的场景。该画作由毕加索于1907年完成，画出画中右上方的两个人物，注意她们都戴着具有非洲风格的面具。

The Drawing Center

绘画中心

THE DRAWING CENTER

　　位于纽约Soho商业区的绘画中心是美国唯一的包括各个时代绘画艺术作品的美术机构。这里的常驻展览包括了米开朗琪罗、伦勃朗、鲁本斯、雷诺阿以及其他绘画家的原创作品以及后来创作的摹本。

✎　速写：以展览为灵感，临摹米开朗琪罗绘制的《圣彼得大教堂》（1492）。米开朗琪罗的作品实际上是对一个叫马萨乔的艺术家的作品的再创作。

Culture
文 化

纽约市芭蕾舞团

NEW YORK CITY BALLET

纽约市芭蕾舞团创始于1948年，著名编舞家巴兰钦是其创始成员之一。今天，纽约市芭蕾舞团每年在林肯纪念堂为全世界的艺术爱好者奉献多达60场演出。纽约芭蕾舞团由90名舞者组成，他们的演出票比较紧俏，尤其在演出《天鹅湖》等经典舞剧的时候。

✏️ 速写：请画出白天鹅女王奥杰塔与她的王子跳舞时的场面。可以参考印象派大师德加的画作，画面的背景是两排穿戴着漂亮的天鹅演出服和头饰的舞者，在画的角落，画出一两双踩坏的芭蕾舞鞋。

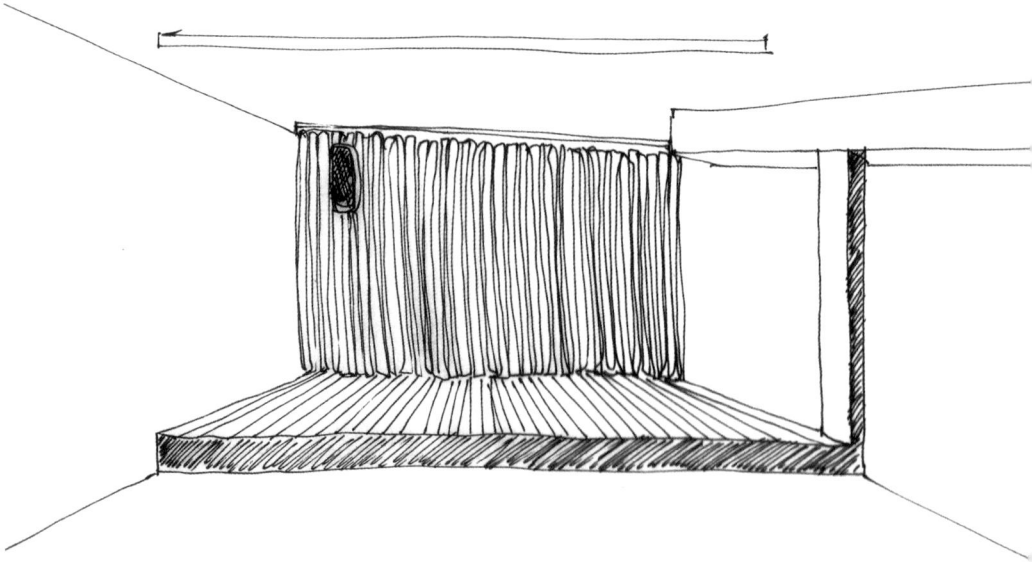

爵士村

JAZZ IN THE VILLAGE

　　纽约的爵士乐俱乐部具有悠久的历史，其中最具传奇色彩的（现在仍然活跃的）是前锋村俱乐部，它位于西村区。爵士乐人纷纷涌向这里，能在这个舞台表演无论对新音乐人还是爵士乐大师来说都是一种荣耀。虽然此地已不再烟雾缭绕，但氛围依然深邃、昏暗，充满了夜的魅惑，纸醉金迷，让人在一瞬间就放松了下来。

　　速写：请完成左边的草图，这是一幅爵士俱乐部在地下室草创的场景，面对舞台的长沙发和小圆桌以及天鹅绒窗帘是这幅画的背景。记得要在背景墙上加上大量的照片，一个朦胧的圆形吊灯吊在天花板上。请发挥想象力，在舞台上画出你最喜欢的爵士乐乐器和带支架的麦克风。

大都会歌剧院

THE METROPOLITAN OPERA HOUSE

从巴洛克曲风和曲调到现代简约风格，大都会歌剧院有适合各种观众品位的歌剧演出。即使你对歌剧特别挑剔，在9月至第二年5月的演出季，来大都会歌剧院经历一个美妙的晚上仍是十分值得的。

✎ 速写：以从舞台上看向观众席的角度，完成草图，画出舞台两侧下方的乐池，分五个层次的演奏者们坐在绒布座椅上，在他们面前画上活页乐谱。注意在每一层扇形观众席中，添上闪闪发光的灯饰。

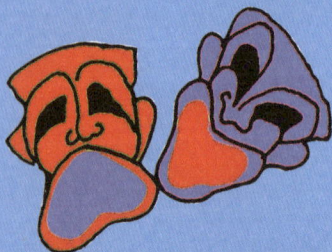

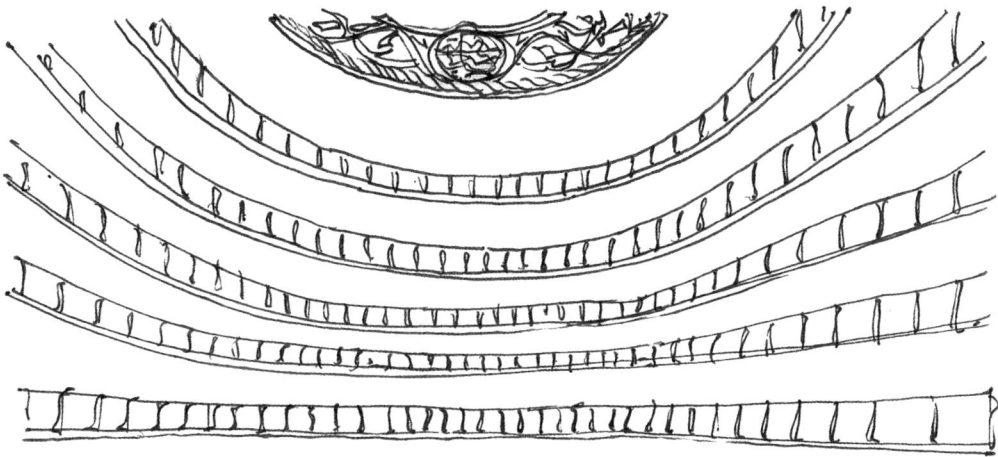

百老汇

BROADWAY

百老汇是纽约市最古老的南北大道。从曼哈顿岛的最南端一路向北直达布朗克斯，大部分演出场所都在第42街和第47街之间，大型戏剧与精品音乐剧在这里轮番上演。如果你的演出能在百老汇获得成功，你就可以在世界任何地方获得成功！

✏ 速写：画出第42街和百老汇街繁忙的街道景象，包括外圈装饰着明亮灯泡的百老汇竖排招牌。在跑马灯里写上正在上演的所有剧目，再画上广告牌。还可以用大号铅字把你的名字写进你最爱的音乐剧的海报中。

斯特兰德书店

STRAND BOOKSTORE

当地人通常称它为斯特兰德，这是一个到纽约必须去的书店。这里交通便利，靠近联合广场，是这座城市仅存的独立书店之一。书店营业至晚上10点30分，注意是每天都开门，在这里，你可以在书架之间穿梭，寻找你最喜欢作家的作品，你甚至还有可能在迷人的善本室内举行的作者售书活动中见到他们中的一两位。

✎ 速写：画出店内从地板到天花板的巨型书架。在书架上，放上你喜欢的书籍，如艺术、少儿或者历史读物。记得要添加靠在书架上的书梯，还有一堆放在地板上的书，以及墙上贴着的印有书店红色醒目标志的商品价目表。

纽约爱乐乐团

THE NEW YORK PHILHARMONIC

伦纳德·伯恩斯坦在1943年完成了他作为爱乐乐团总监的首次演出，并在这里做了11年的音乐总监。伦纳德·伯恩斯坦领衔纽约爱乐乐团在世界各地为观众演出，并录制了大量的现场实况录音。在现场欣赏他们的演奏是一件令人激动的事情，当他抬起指挥棒准备进行开场演出的时候，总会响起观众雷鸣般的掌声。

✏ 速写：在草图上绘制身着晚礼服在指挥台上面对乐师挥舞着指挥棒的指挥。画出乐团其他成员的轮廓。添加乐谱、乐谱架和一架大三角钢琴，使整个画面更加宏伟。

哈莱姆福音合唱团

HARLEM GOSPEL CHOIR

哈莱姆福音合唱团是美国最杰出的福音合唱团之一。这群充满才华的音乐家为世界各地的人们演出，各国皇室、传奇音乐人、总统和其他显要人物都看过他们的演出。盛名之下，哈莱姆合唱团的根仍在纽约。人们周日在纽约时代广场的BB金蓝调俱乐部享受福音早午餐（都是与家常菜别无二致的自助餐），开启了纽约人快乐的一天！

✎ 速写：画出哈莱姆区一个美丽的老教堂，特别是它的彩色玻璃窗、长凳和带木横梁的挑高天花板。描绘出有名的会众合唱场景，注意他们身上长袍和围巾的搭配。尽量做到每个女人的头发里都插上一朵花。

喜剧俱乐部

COMEDY CLUBS

　　即兴表演、独角戏，以及诸如此类的表演形式，使得纽约的喜剧独树一帜。著名喜剧演员经常在开麦之夜回到自己喜爱的俱乐部，欣赏新秀表演或者临时客串表演一段。同许多最滑稽的作家和喜剧演员一样，伍迪·艾伦在格林尼治剧场又开始了他的新一期夜总会表演。

✎ 速写：通过突出建筑物的立面，以及独特的招牌和聚光灯照耀着的四个窗口完成对建筑物的描绘，同时画上绿树成荫的街道。在画面的一角，添上一条孤零零的长凳和一杯水可能更有意境。

中央公园的夏季表演艺术节
CENTRAL PARK SUMMERSTAGE

夏季表演艺术节，是纽约中央公园每年都举行的一个盛大的音乐节。人们在公园里消磨一个下午或晚上的时光，听听音乐、参与家庭合唱、欣赏现代舞，甚至朗诵诗歌。这个音乐节最令人称道的是，大部分活动都是免费并对所有人开放的。

✎ 速写：绘制夏季表演艺术节主舞台和它的横幅标语，画出舞台四周环绕着的扬声器、林立的小帐篷，还有公园内星星点点的大树。不要忘记画上野餐的观众和台上表演的艺术家。

SUMMER STAGE

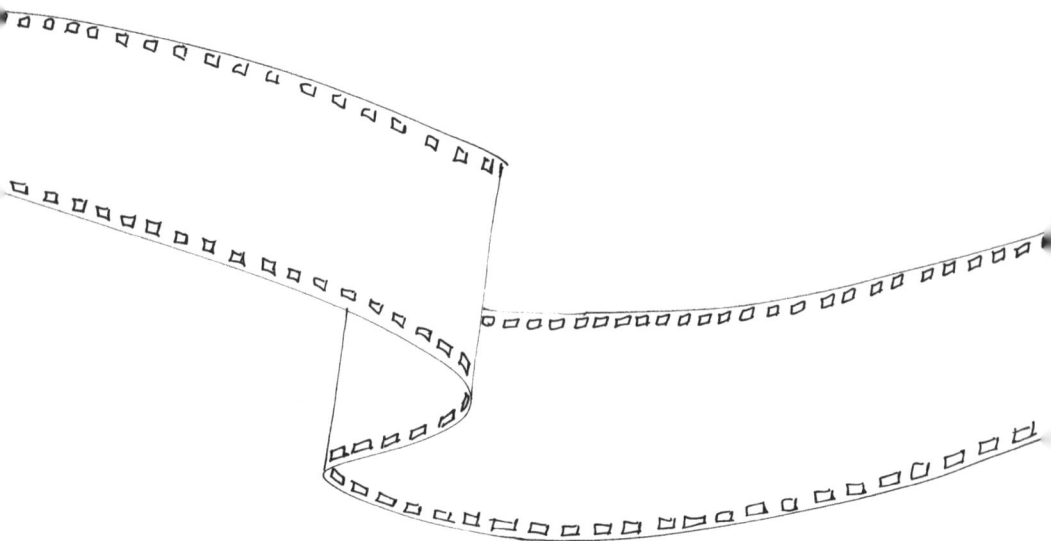

电影

FILM

现在的电影作品中，有成百上千部是以纽约为背景的，其中包括《金玉盟》《安妮·霍尔》和《蒂凡尼的早餐》等经典之作。

✏️ 速写：画出一部电影的蒙太奇画面，比如《蒂凡尼的早餐》中的部分镜头。从你喜欢的以纽约为故事背景的电影或电视剧中选一幅导演隔板作为你的最后一帧图像。

美国职业棒球大联盟

MAJOR LEAGUE BASEBALL

对于纽约人来说，棒球不仅是一项简单的体育或文化活动，更像是一种信仰。这座城市拥有美国职业棒球大联盟的两支球队——纽约大都会队和纽约洋基队，每个家庭都有一支效忠的球队。虽然你可以不满意你球队的表现，但轻易更换主队，在这里是被人所不齿的。

✎ 速写：通过想象，画出洋基球场的鸟瞰图。要有钻石型球场、露天看台、本垒板后面的洋基队标志以及观众席上方的广告版和广告。或者画出露天体育场附近的高楼和后方的布朗克斯的写字楼。

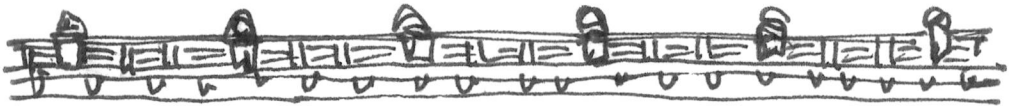

THE BROOKLYN ACADEMY OF MUSIC

布鲁克林音乐学院（BAM）

BROOKLYN ACADEMY OF MUSIC (BAM)

布鲁克林学院总结了自身的文化使命："富有冒险精神、尊重观众、有创意的音乐从业者之家。"BAM举办大量的活动，比如电影、戏剧、现代音乐、舞蹈、戏曲、视觉艺术、喜剧、家庭日、谈话节目、晚会和聚会等等。建校150多年来，这里的许多毕业生都成了世界名流。

✏ 速写：完成前立面，在实木门上方增加学校的标识，并清楚注明学校建成于1859年。墙上可以张贴关于最近某项活动的大型海报广告。差点儿忘记提醒你，在布鲁克林的周围有许多绿地，别忘了加上一些装饰性的灌木和草丛。

时代广场的跨年夜

NEW YEAR'S EVE BALL DROP
IN TIMES SQUARE

在纽约时代广场同近百万人一起开派对跨入新的一年，大概是这个星球上最有名的跨年方式了。这项活动始自1907年，现已成为时代广场的传统。世界著名的水晶球在午夜前一分钟开始落下，一旦球落地，标志着新的一年的开始，缤纷的彩带纸洒向时代广场上欢乐的人群，欣喜若狂的人群痛饮着香槟，高声歌唱，整个广场上充满了喜悦。

✎ 速写：画出那个世界著名的水晶球，球本身直径为12英尺；换句话说，一个巨大的彩球将占据你大部分的涂鸦画面！图中还要画出时代广场时钟的指针，并添加缤纷的纸屑、绚丽的烟花、高耸的摩天大楼和时尚的广告牌，如果你还有余力，那就画出狂欢的人群吧！

HAPPY NEW YEAR

无线电城音乐厅

RADIO CITY MUSIC HALL

　　人们把无线电城音乐厅昵称为"全国的舞台"，一点都不过分。这里全年都在举行舞台表演、音乐会、戏剧、电影首映式和特别活动，世界顶级艺人也在这里登台。每年，它已经固定承接托尼奖、格莱美奖和MTV音乐录影带奖的颁奖活动。此外，它的内部空间已经成为一个正式的城市地标。

✏ 速写：画出无线电城的外景，包括门前的红地毯和送参加宴会的贵宾的豪华轿车。

Fashion
时　尚

波道夫·古德曼百货公司

BERGDORF GOODMAN

　　古德曼百货公司是纽约最具声望的奢侈品零售商场之一，是纽约富裕的女士们午饭后首选的购物目的地。它的坐落地点是范德比尔特家族曾经拥有的一座豪宅，这个集合了世界首席设计师之名牌产品于一堂的九层建筑，是所有购物者的天堂。

✎ 速写：古德曼的节日橱窗设计是有口皆碑的。现在请你为古德曼设计一个节日橱窗，在尊重传统的基础上，尽情释放你对时尚的想象，让时装礼服、奢侈珠宝，以及缀满珠宝的鞋类在你的橱窗中闪耀吧！

BERGDORF
GOODMAN

安娜·温图尔

ANNA WINTOUR

　　可以肯定地说，安娜·温图尔是时尚界最有影响力的人物之一。作为世界顶级时尚杂志《VOGUE》的主编，她是亚历山大·麦昆和马克·雅可布两位著名设计师在时尚界的领路人，她是第一个把名人搬上杂志封面的人。电影《穿普拉达的恶魔》就是以她为原型的。她的造型具有很高的辨识度——经典的圆领、量身定制的及膝裙和夸张的项链等等。

　　速写：请画一幅安娜·温图尔看秀的速写。模特在T台上昂首走秀，贵妇风格穿着的安娜·温图尔坐在前排看秀，她标志性的BOB头、超大的墨镜，能把她轻松地从时尚摄影师和观众中分辨出来。

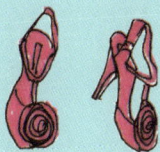

21世纪百货公司
CENTURY 21

　　拥有较大的折扣、提供时尚潮品，一直是21世纪百货吸引时尚买手和游客的卖点之一。店里的品牌包括Marni，Helmut Lang，Missoni和Miu Miu等，购物的小窍门就是在周中的早晨到店，避开拥挤的人群，但无论如何，你要有排队试衣服或干脆在走廊上换衣服的心理准备（在这种场合，我们建议你穿好打底裤）。

✏️ 速写：再画几个购物者在炫耀刚买的时装，还有几个人匆匆往里闯。

开幕式百货公司

OPENING CEREMONY

开幕式百货当年把自己第一家精品店开在了纽约的唐人街上，而今这家公司已经成长为走国际路线、融合多重时尚元素的新潮品牌，它拥有多家店面、一间展示厅，还与科洛·塞维尼、Dr. Martens、阿迪达斯和高田贤三等品牌开展合作。

✏️ 速写：画作中突出纽约旗舰店的时尚与配饰设计。衣服都已经到货，但要将它们堆叠到货架上，或悬挂在墙壁上，或者将店内最好的货品展示于玻璃橱窗中。

纽约时装周

NEW YORK FASHION WEEK

    纽约时装周被称为半年一度的，由雕像般美貌的模特、冷若冰霜的编辑、大量的名人、时尚博主和摄影师汇聚一堂的时尚盛会。时装周是真正独家的新品发布会、传统派对。今日盛会上刮起的旋风，将会引领着明日的时装潮流。

✎ 速写：你好不容易搞到一张派对的门票，它将是整个时装周上最独特的派对之一，这是你与各路名流交流的机会。现在设计这个派对场景：衣着光鲜的人们手持香槟穿梭、交谈……具体场景交给你去发挥吧。

吴季刚

JASON WU

在为第一夫人米歇尔·奥巴马的就职典礼舞会设计礼服后，30岁的时装设计师吴季刚跻身于顶级设计师行列（米歇尔·奥巴马的第二次就职典礼舞会礼服也由他设计）。他的设计风格低调、优雅，作品突出经典的女性线条，这也难怪他的名人客户名单不断增加，比如瑞茜·威瑟斯彭、伊曼和伊万娜·特朗普。

✎ 速写：取得成功后，吴季刚开始了新的职业生涯——设计高端时尚娃娃服装。这是一件很困难的事情，需要设计与成人衣服不同的领口、下摆的长度和装饰。娃娃虽小，品味却不可降低。

蒂芙尼

TIFFANY'S

　　什么样的订婚戒指能代表一份永恒的爱情？当然是蒂芙尼的钻戒。凭借其对极致奢华无可匹敌的追求，这家大牌珠宝公司成为结婚定情物的代名词，订婚钻戒、心形吊坠以及串串珍珠——它们总是被细心地放在一个经典的蒂芙尼蓝色礼盒里。

　　✎ 速写：梅·蕙丝曾经说过："我从来不担心饮食。我感兴趣的只是钻石的克拉数。"设计并绘出一个价值100万美元的展柜——一簇簇的钻石、一粒粒圆润的大珍珠，并添加大量银饰作为背景。

LOOK BOOK MOURNING IN GOTHAM

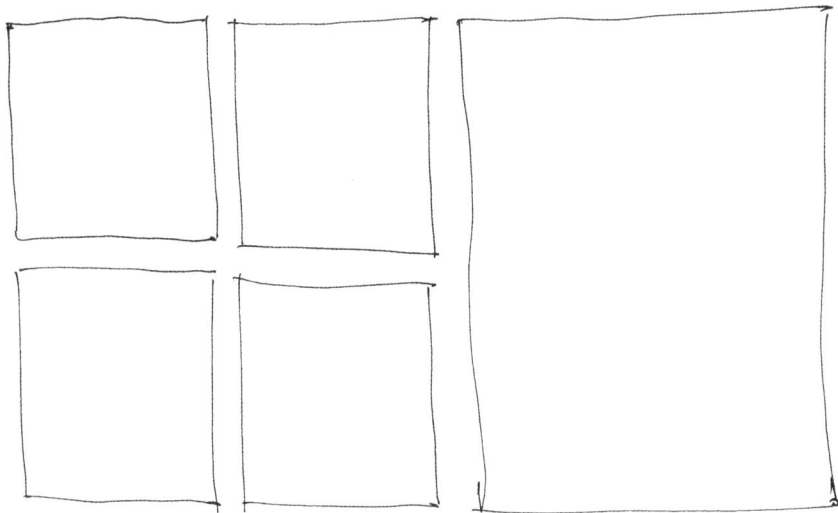

FASHION
RUNWAY
MODELS
LIGHTS
CAMERA
ACTION

黑

BLACK

　　曾经有人说，纽约人总是穿黑色的衣服，除非还有更黑的衣服。当然，也有例外，但从最广泛的意义上说，纽约人喜欢黑色，因为它简化了穿衣时尚。在这样一个众多时尚潮流的发源地，黑色被认为是永恒的纽约色。

　　速写：一个刚刚崭露头角的设计师展示了他在纽约的最新时尚设计。完成绘画，注意颜色的选择，对于各种质地的布料和衣服轮廓的描绘要求既新鲜又前卫。

拉尔夫·劳伦

RALPH LAUREN

与美国时装设计师拉尔夫·劳伦同名的服装品牌，已经发展成为资产数十亿美元的全球性企业，它的产品还包括豪华的礼品和家居用品。拉尔夫·劳伦设计的服装已经成为轻松、永恒且独具特色的新英格兰时尚外观的代名词。

✎ 速写：你将要去火岛上度假，画出你所有的必需品。给你衣箱中的衣服加上图案：星条旗、方格花布，或者格子布。记住标志性的马球衬衫是你的必备品。

罗达特

RODARTE

　　在2005年的春天，凯特·穆里维和劳拉·穆里维姐妹离开家乡加利福尼亚州，拖着一箱子设计图样来到纽约。从那时起，她们赢得了无数的荣誉：为奥斯卡获奖影片设计过服装，并与像Target这样的零售商合作，开拓商业版图。罗达特的风格可以形容为黑暗、夸张、美丽，她们的设计也被著名的博物馆收藏。

✏️ 速写：时装表演即将开始，在身着罗达特风格衣服的模特身上加入一些她们标志性的装饰，包括刺绣、丝带花结，甚至手工打制的金属牌。

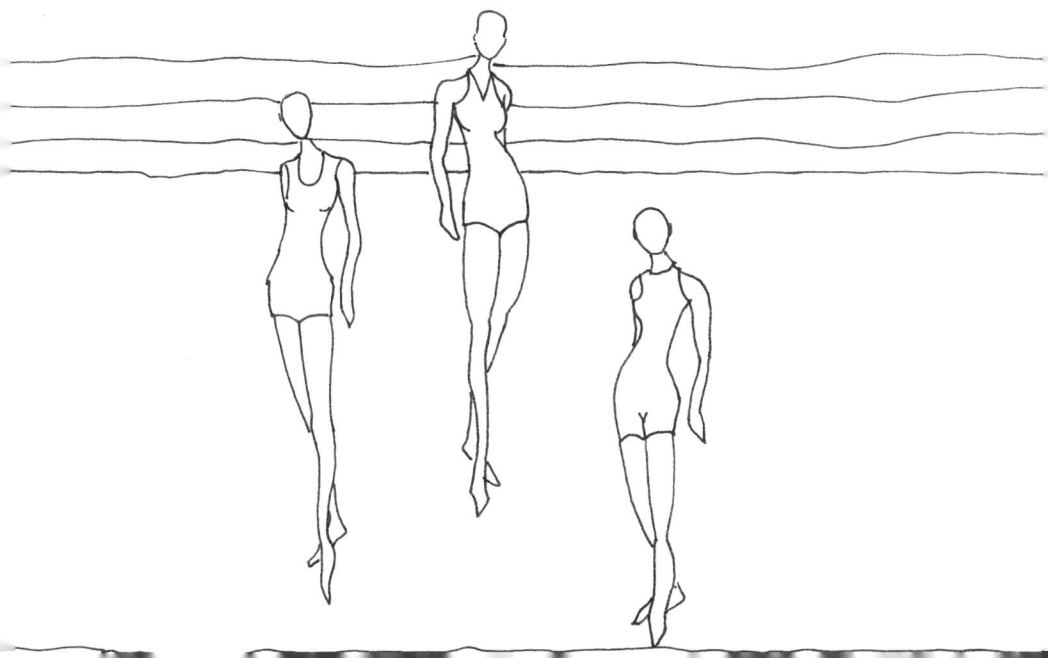

纽约大都会博物馆时装馆

THE COSTUME INSTITUTE AT THE METROPOLITAN MUSEUM OF ART

　　纽约大都会博物馆时装馆收集了世界各地从公元15世纪到今天的大量服装和配饰，大约有35000件之多，它们是设计师灵感的源泉。

✐ 速写：纽约大都会博物馆时装馆每年都会举办慈善舞会，为本年度开幕的时装展助兴。从20世纪70年代戴安娜·弗里兰成为纽约大都会博物馆时装馆的时尚顾问起，这项活动吸引了越来越多的时尚界精英和社会名流参加。慈善舞会每年的主题都会变化，请你设计今年的慈善舞会，今年的主题是"上海惊喜"。

复古风

VINTAGE

　　纽约是复古风爱好者的天堂，对他们来说，没有什么能比在商店里找到和购买罕见的服装更令他们觉得高兴的了。随着高档复古风服装精品店的崛起，在小店里淘到精品二手货的机会越来越少了。

✎ 速写：绘制下东区复古风商店的橱窗，着力打造成曾经风靡一时服饰的怀旧之所，你要画出橱窗里服装和配饰的细节，如有些神秘感的花卉图案、宽腰带、复古风的帽子装饰和目不暇接的服饰、珠宝等等。

邮差包

THE MESSENGER BAG

　　现代流行的邮差包的前身是20世纪50年代专门为电话局巡线工准备的。它有非常实用的设计：单肩背带和宽敞的　内部空间。现代版本的邮差包和它的前身一样，拥有简单和实用的设计，迅速征服了大众，在纽约的邮差、学生和华尔街人群中广泛使用。

✎ 速写：De Martini Globe Canvas公司是现代邮差包潮流的始创者，现在，邮差包仍是该公司的主打产品之一。在下面画出一个打开的邮差包，并在其中填满你每天出行的必需品。

Food
美　食

周日的早午餐
SUNDAY BRUNCH

在Soho中心区同朋友和家人分享慵懒的早午餐，这是一个休闲的周末最该做的事情。Balthazar，一个拥有豪华的红色皮革长沙发和漂亮的瓷砖马赛克地板的小酒馆，它提供的食物的品质从未让人失望，即使是一份仅有一杯牛奶咖啡和一盘点心的简单早午餐，他们也会认真制作。

✎ 速写：请在草图上绘制周日早上提供的早午餐和具有标志性的小酒馆。画面中的菜单上一定要有一种像香槟提神酒这样让人不知不觉中醉倒的酒。

街头美食

KNISH

TACO

STREET FOOD

　　随着街头饮食文化的高度普及，从包了韩国泡菜的墨西哥塔可到热的墨西哥玉米粉蒸肉再到印度比尔亚尼菜，你可以从无处不在的快餐车上得到你想吃的任何食物。然而，作为最初的纽约街头食品，在一个寒冷的秋日享受经典的、便宜的克尼什馅饼，是一件令人充满幸福感的事情。它有很多搭配，常规的有番茄酱、芥末等，如果你够胆量，那就配着德国泡菜吃吧。

✎ 速写：设计你自己的快餐车，它将在纽约街角贩卖你最喜欢的街头美食。

biryani

比萨

PIZZA

　　纽约有很多有名的比萨店，忠于原味的食客会选择Totonno，喜欢尝鲜的食客会选择Paulie Gee，对于喜欢本地膳食的人，Arturo将是他们的大爱。每当谈到比萨饼，纽约客们会有一种幸福的烦恼。什么是完美的比萨，当一块比萨饼通过不断咀嚼，将面饼的甜味和咸味在口腔中混合成一串串美妙的音符，击中你的味蕾，获得了享受，于是你就找到了你的完美比萨。

　　✎ 速写：完美的比萨薄饼一定是刚从煤炉中烤出来的，现在，由你来创造这个完美薄饼。你想画出什么样比萨呢？一块玛格丽特比萨、一块白蛤比萨，或者其他更有创意的？

唐人街的点心
DIM SUM IN CHINATOWN

　　唐人街的点心都是成组的，所以餐桌上的人越多，点心越容易选，每个人能尝到的种类也越多。唐人街的点心菜单大都是由异国风味的食材组合而成的，如经常提到的虾饺、炒面、炸鱿鱼、虾馅的炸茄盒、诱人的蛋挞、豌豆苗、黑芝麻汤圆等等。

✏ 速写：蒸屉和碟子都已经放在桌子上了，现在请你画出你喜欢的点心组合，记住一定要有面条和蚝油拌芥蓝（配菜）。

katz熟食店的三明治
SANDWICHES AT KATZ'S DELI

这家具有传奇特色的百年老店，提供纽约最好吃的三明治：你可以找到你喜欢的咸牛肉、鸡胸、克诺贝尔香肠等等。这里美味太多，第一次来的顾客可能不知道点哪些东西好，那就选熏牛肉三明治吧，当你尝一口后，一切点餐的困惑都会抛在脑后！

✎ 速写：画一个多汁的熏牛肉三明治，两片全麦面包之间夹着手切的熏牛肉，中间充满Katz熟食店特有的芥末料，别忘了给这顿饭配上犹太面包球汤和泡菜。

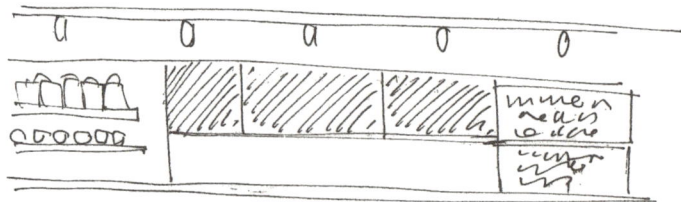

汉堡

BURGERS

　　纽约同样有些著名的汉堡店。在Burger & Barrel饭店白松露汉堡将花费你45美元。Five Napkins饭店汉堡的制作是有些混乱和马虎的，你至少需要吃之前把汉堡拿起来好好看看。Corner Bistro的培根芝士汉堡在建立了自己的Twitter账号之后就更出名了。纽约的肉食主义者们的最大爱好就是将汉堡码得高高的，当然对他们来说，一份新鲜的牛排更能满足他们的需求。

🖊 速写：Shake Shack，从麦迪逊广场花园的热狗车到一个成功的国际连锁品牌，已成为一个城市化"路边"汉堡商店。在你的点菜单上画上汉堡、薯条和奶昔（那还用说吗？肯定比你吃过的好多了）。

圣格纳罗的盛宴

FEAST OF SAN GENNARO

这个向那不勒斯守护神致敬的周年庆典，吸引了意大利裔美国人、当地人和大量游客。参加这个庆典，只需做好一件事——参加之前别吃太多。纷繁的意大利美食如猪肉卷、刷辣椒的意大利香肠、油炸奥利奥、果仁夹心糖、冰淇淋、油炸面饼圈等等，会喂饱你的。

✎ 速写：画出一个摆地摊的摊主，他正准备将美味的香肠和新鲜的辣椒放在一起烧烤。

烧烤

BBQ

大部分纽约人都是肉食爱好者。多汁的手抓牛肋、牛腩、鲜嫩的手撕猪肉和各种风味的炸鸡，这些都是纽约的经典美食。当然，吃完这些后，足以让一个肉食主义者因为吃得太多而找地方睡午觉去了。

✎ 速写：想象一幅在当地正在开烧烤派对的场面，派对的主题就是各种肉类和其他食物的分享，玉米面包、羽衣甘蓝以及奶酪马克罗尼意面都是盛宴的组成部分。

殿堂级的美食
GOURMET FOR FOODIES

　　纽约可以算得上美食的天堂，这里提供了一种精致的用餐体验，通过最优质的食材、完美的服务，再加上最完美的烹饪方法，保证了菜品的美味。在麦迪逊公园11号饭店，它提供的品尝菜品是不能错过的。品尝菜单上的菜品一般是结合区域食材与历史悠久的烹饪技术创造出来的，给你的味蕾以全新的体验。

✏ 速写：如果你只有有限的现金，那么即使从钱袋的角度考虑，预先设计好的菜单（套餐）是很好的选择。结合丰富多彩的农产品和食用花卉，如它们的种子和碎片，利用当地的食材，设计你自己的套餐，呈现精美的佳肴。

鸡尾酒
THE COCKTAIL

　　无论你喜欢在一个舒适的老地方享受一杯经典的鸡尾酒，还是在超现代酒店里享受一杯流行的马提尼，在欢乐的时光中，鸡尾酒是不可取代的。顶尖的调酒师用高档的烈酒结合其他不同的饮料或独特配料，给城市中爱好享乐的阶层创作出最优秀的鸡尾酒。美酒虽好，可不要贪杯哦。

✎ 速写：在市中心灯光昏暗的地下酒吧里，调酒师娴熟地调配着鸡尾酒，唤起人们对"咆哮的20年代"的回忆。试着完成下面的草图，还原经典饮料和精酿啤酒的真实味道。

玉米饼

TACOS

玉米饼正在纽约复兴：做玉米饼的塔可商店在整个纽约五大区都有分布，天黑后，塔可餐车就会突然出现（非法的），美食家会蜂拥到一些城市中最好的餐车旁边享用美味。谁又能责怪他们呢？经过炖煮的牛肉或猪肉，配上香气四溢的调味料，搭配玉米饼，再淋上新鲜的香菜、洋葱、鳄梨酱和奶酪……仅仅是想想，就已经足够征服大众了！

✎ 速写：画出刚刚配制好的玉米饼，添加自己喜欢的配料：番茄粒、成片的萝卜、碎洋葱，可能还有一些香菜和足量的欧芹酱。

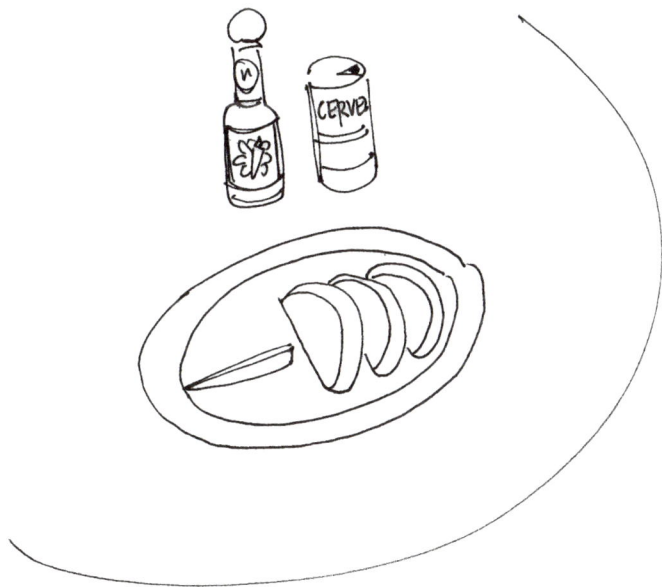

韩国城

KOREATOWN

通过过去一个世纪的移民，韩国城社区已成为纽约市多元化的代表，更是一道美食风景线。当地人和游客都会前往韩国城去享受正宗的韩国料理。在各种各样的韩国烧烤中，美味的韩式烤牛肉是非常流行的。韩国烧酒和免费的韩国小菜，是在韩国城享受料理美味的重要组成部分（如果还不晚的话，可以去唱卡拉OK，一般离烤肉店仅几步之遥）。

✏ 速写：绘制餐桌上的食物：桌面烧烤正如火如荼，新鲜的肉类、海鲜、蔬菜都切成了大块。经典的配菜有辣酱炒萝卜、土豆片、绿豆芽和精心腌制的泡菜等等。

杯子蛋糕

CUPCAKES

CUPCAKES

　　从传统的巧克力或红色天鹅绒蛋糕，到奶油芝士蛋糕，再到以花生酱、香蕉和蜂蜜味道为特色的蛋糕，纽约的蛋糕品种不断创新，蛋糕往往是精心制作的代名词。有什么能比从当地有名的木兰蛋糕店买到的，涂了顺滑、蓬松又美味的装饰馅料更好吃的杯子蛋糕呢？

✎ 速写：完成一个你喜欢的口味的蛋糕的画作，颜色可以多种多样，馅料可以按你的兴趣配上传统的或现代的，抑或复合的。应该没有比这个更简单的绘画了，快完成它吧。

面条
NOODLES

在纽约这个繁华的都市里，百福可以说是纽约最早出现的面条酒吧，一个给拉面爱好者们提供美食的地方。在面条上撒上葱姜，加上店中招牌面点中的猪肉包子，顾客就可以享受美味了。

✎ 速写：先过眼瘾：一碗热气腾腾的面条用的是熬制的猪肉汤，撒上海藻、厚片五花肉，再配上炸鱼饼。如果味道不够浓厚的话，还可以添加免费的姜葱酱和辣酱油。完成这碗面条的草图吧。

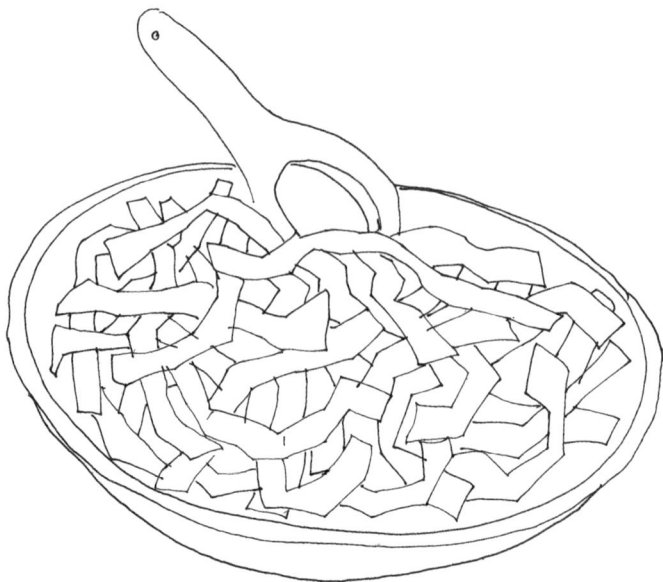

Landscapes
景观

高线公园
THE HIGH LINE

2009年，高线公园在曼哈顿西区落成，它是以一条旧高架桥改建而成的1英里（约1.61千米）长的公共林荫路。高线公园从肉类加工区直通西34街，灵感来源于巴黎的绿荫步道，一座类似的高架行人天桥，沿着这条园林景观路开设有咖啡馆和酒吧。

✎ 速写：画出高架公园鸟瞰图的木制人行道。在摩天大楼两侧添加绿草、高大植物和行人。

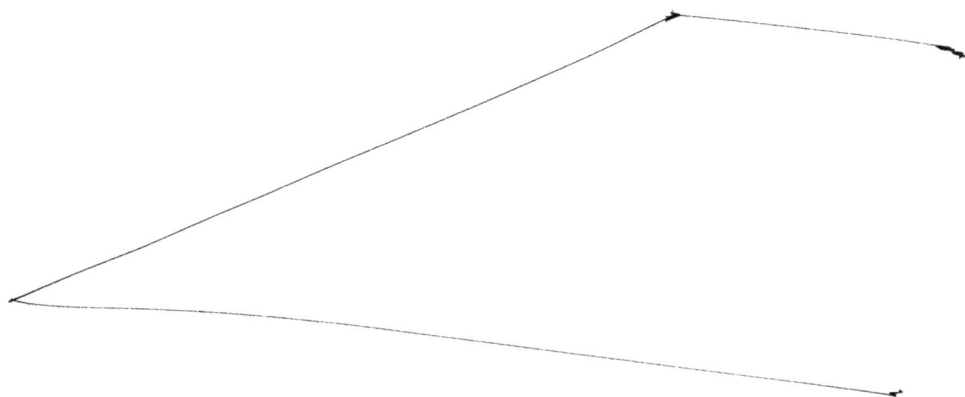

"9·11" 国家纪念博物馆

THE NATIONAL SEPTEMBER 11 MEMORIAL & MUSEUM

在世界贸易中心的遗址上，建起的"9·11"国家纪念博物馆，是一个占地8英亩（约3.2公顷）的公园。博物馆的建立是为了纪念2001年9月11日恐怖袭击和1993年初爆炸案的遇难者。

🖉 速写：画出庄严肃穆的瀑布及倒影池，包括周围的一些白橡树与它们的黄色或绿色的叶子。

中央公园船坞

THE CENTRAL PARK BOAT BASIN

　　自从19世纪60年代开始流行在湖面上划船，中央公园的船坞和勒布船屋长期以来一直是中央公园的重点项目。而现在船坞已经变成餐厅，不过划船爱好者在这里仍然可以租划艇。

✎ 速写：绘制船坞靠近湖面的场景，以及停泊在附近的木质划艇。

方尖碑

THE OBELISK

中央公园的方尖碑是公园里现存的最古老的人造建筑物。它是由埃及法老图特摩斯三世在公元前1450年建成的，并在19世纪末期运到纽约。同时，还有两座类似的建筑被带到巴黎和伦敦。有趣的是，这三个建筑都和克利奥帕特拉（埃及艳后）没什么关系，因为在她的时代，它们都已经近1000岁了。

✏️ 速写：绘制中央公园的樱花树，作为背景的方尖碑矗立在湛蓝的天空中。

修道院博物馆

THE CLOISTERS

　　修道院博物馆位于曼哈顿北部的崔恩堡公园内，收藏了2000余件中世纪艺术品。修道院是一座长方形的露天庭院，建于20世纪30年代，本身即是欧洲中世纪修道院文物。花园中甚至种植着中世纪才可以看到的花草绿植。

✏️ 速写：画出三座石拱及白色大理石拱柱，别忘记在庭院的部分画上细腻的当归植物。

THE CLOISTERS

布鲁克林植物园

BROOKLYN BOTANIC GARDEN

　　布鲁克林植物园建于1910年，这座美丽的花园种植了10000余种植物，并设有日式花园、玫瑰花园和孩子们可以通过注册长期来这里侍弄花草的儿童花园。

✎ 速写：植物园内的日本山水花园是日本之外最古老的日式园林之一。画出池塘中橙红色的宝塔。在绘制塔的顶部时，一定要体现日本建筑的特色。

联合广场

UNION SQUARE

　　这座城市公园占据了第14大街和百老汇大街交会处的三块方形街区，每周四天都会举办农贸市场，全年无休。附近的农民、渔民和面包师向成千上万的游客出售自己生产的产品。该广场坐落有甘地和乔治·华盛顿的雕像，也值得一看。

✎ 速写：画出联合广场农贸市场。添加慕名而来的时髦的纽约年轻夫妇，他们挤在摆满了红番茄和绿莴笋的摊位前。一定要画出头顶上绿色的树冠。

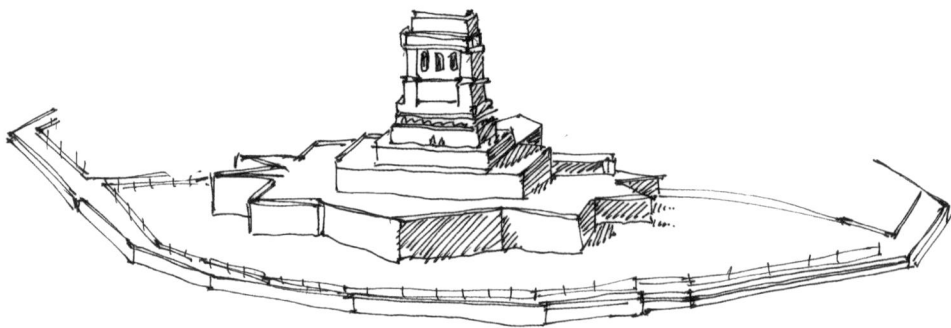

自由女神像

THE STATUE OF LIBERTY

　　属于纽约的"第一夫人"。自由女神像高305英尺，重225吨，是法国在美国独立战争期间送给美国的礼物。

✎ 速写：你乘渡轮接近自由女神像，从这一角度绘制出自由女神像的上半部分和她旁边的树林。一定要画出她花冠上的七条射线和在她右手上的火炬。虽然铜制的女神原本是褐色的，但氧化作用将她变成了那标志性的绿色。

总 督 岛

GOVERNORS ISLAND

乘坐从布鲁克林或曼哈顿出发的渡轮，穿过纽约港区到达总督岛，之后你可以租一辆自行车前往最北端的海滩。

✎ 速写：勾画出威廉姆斯城堡，它建于1807年，是一个圆形的红砂岩堡垒。城堡是以上校乔纳森·威廉姆斯——西点军校的第一任校长的名字命名的。

CASTLE WILLIAMS

GOVERNORS ISLAND

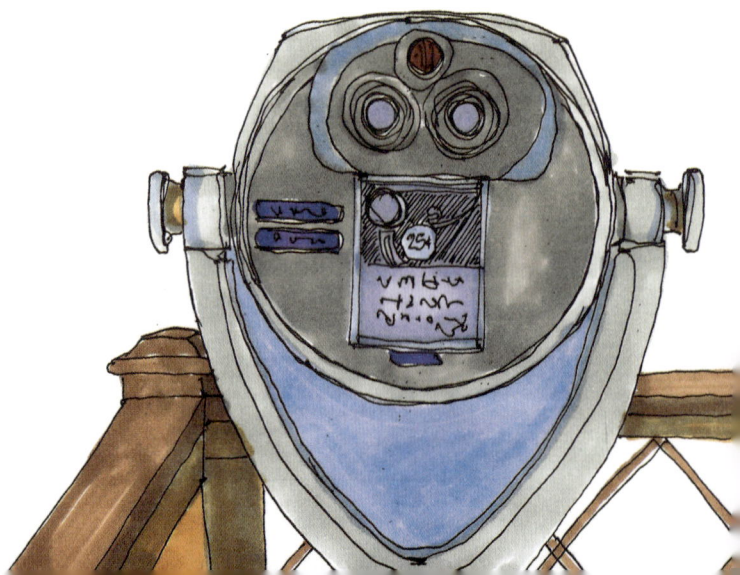

纽约市的天际线

NEW YORK CITY SKYLINE

　　无数的电影、艺术作品、明信片和各类文化载体都对标志性的纽约市的天际线情有独钟。一个最佳的观赏点是哈得逊河上的渡轮。

✐ 速写：把视角定在新泽西和曼哈顿之间往返的渡轮上。画出日落时分曼哈顿的天际线。勾勒出橙色暮霭下克莱斯勒大厦和帝国大厦与众不同的轮廓。

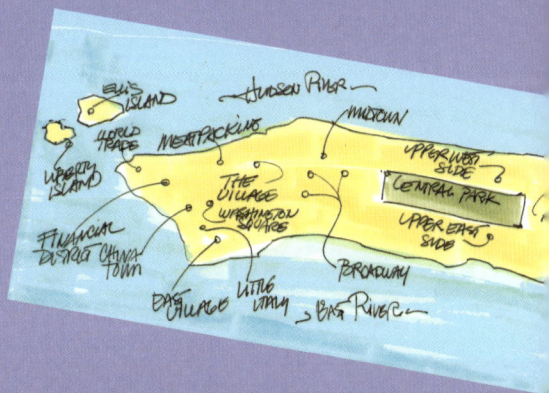

唐人街

CHINATOWN

曼哈顿拥有西方世界最大的华人聚居社区，没有任何地方比曼哈顿的唐人街更能体现中国文化的影响力。华人超市、蔬果商店和鱼贩为这里数百家亚洲餐厅和咖啡馆提供充足的食材。

🖎 速写：画出唐人街的部分街景，画一些用汉语书写的招牌和横幅，涂上明亮的色彩，还有当地人和游人交织在一起的熙熙攘攘的人群。

中华花灯区

最佳 发廊

参茸 药材

CHINATOWN

康尼岛

CONEY ISLAND

这里拥有3英里（约4.8千米）长的沙滩和木板路，以及各种娱乐设施。纽约人把康尼岛作为夏季理想的避暑地。

✎ 速写：画出正在木板路上吃热狗和等待跳伞的人们。在画中添上摩天轮、小吃摊和作为背景的高层建筑。

Nathan's Since 1916 FAMOUS

混凝土厂公园

CONCRETE PLANT PARK

混凝土厂公园位于布朗克斯区，在20世纪40年代到80年代是一座实际存在的混凝土工厂。工厂关闭后，周边区域被改造为一座滨水公园。

✏️ 速写：画出布朗克斯河畔一段迷人的滨水步道，包括远处原混凝土厂高高的筒仓，现在被涂成了暗粉色。

布鲁克林大桥

THE BROOKLYN BRIDGE

　　布鲁克林大桥是横跨在东河之上、连接布鲁克林与曼哈顿的巨大吊桥，是一项工程奇迹，而大多数人都不知道桥上还有供行人和自行车通行的通道。

✎ 速写：以曼哈顿端或布鲁克林端的人行道为视角完成草图。画出大桥哥特式风格的石拱门和近处蛛网般的钢吊索。

People-Watching

人文风情

中央车站的乘客
COMMUTERS AT GRAND CENTRAL TERMINAL

每天有将近75万人穿梭于纽约中央车站。看着这里著名的亮鸭蛋青色天花板，车站中央富丽堂皇的车站时钟，以及高高悬挂着带着满满自豪感的美国国旗，不免让人花上几个小时去幻想百年前这里的光景。

✎ 速写：完成右侧纽约中央车站的草图。涂上丰富的色彩，添上行色匆匆的旅人，让画面更加写意。画出车站里那些装饰细节，比如标志性的时钟或是天花板上闪亮的枝形吊灯。

洛克菲勒中心的溜冰者

HOLIDAY SKATERS AT THE RINK IN ROCKEFELLER CENTER

每到假期，洛克菲勒中心前的下沉式溜冰场里到处都有各年龄层的溜冰者们在旋转、跳跃（或是与墙壁亲密接触）。溜冰场始建于1936年，目的是为洛克菲勒中心吸引客流。而如今，自10月冰场开始营业起，就游人如织。当12月到来，巨大的圣诞树点灯后，这里将变得格外美丽。

✏️ 速写：画出一位正在旋转或是滑了半个"8"字的溜冰者，这个人戴着时髦又舒适的手套，还有配套的帽子和围巾。在画中添上大大的雪花和金色天使的节日背景，为画面定下基调。

女士午餐

LADIES WHO LUNCH

　　"亲爱的，你是在哪儿买到那件漂亮外套的？"这就是曼哈顿上东区太太们的午餐聚会——家曼哈顿有名的餐厅，一份午餐、一点点香槟，还有好友间的各种八卦。从她们无可挑剔的发型，到她们脚上一尘不染的名牌鞋子，这就是曼哈顿的精英。对于她们来说午餐就是一个强制性的仪式，一个观察与被观察的仪式。

✎ 速写：请记住，布置妥当的餐桌跟吃（或并不吃）的东西一样重要！画出豪华包间里，圆桌边三位朝外坐着的女士。画出她们的名牌手袋和身边的购物袋，一定要为她们画上优雅的锦衣珠宝。

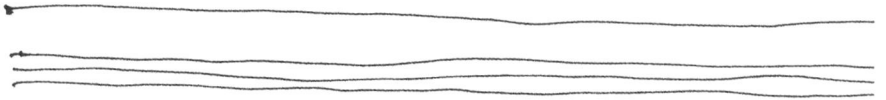

名人们

CELEBRITY SIGHTING

　　虽然纽约人特别以自己将名人视作常人而自豪，但名人们还是住到豪华社区里。或许这只是理论上的，即使一个见过大场面的纽约人，若有人对他投来艳羡的目光时，他心里也是美滋滋的。很多大明星经常来到纽约拍电影、出席首映式，或只是单纯尝试普通人的日子。大明星们和他们的名流朋友也经常一起去时髦的咖啡馆、餐厅或VIP俱乐部放松一下。

✏️ 速写：想象一下，你最喜欢的名人正和他或她的新恋人一起坐在咖啡馆里，或许他们笑着享用一餐美食或一杯卡布奇诺。画下他们为了不引人注目而戴上了棒球帽和太阳镜的样子。

布 鲁 克 林 潮 人

BROOKLYN HIPSTERS

在20世纪50年代和60年代，纽约有爵士音乐家和嬉皮士。而如今，布鲁克林的潮人就像曼哈顿的黄色出租车一样普遍。从下东区穿过威廉斯堡大桥，进入布鲁克林，你就正式来到了全美——甚至是全球——潮人的大本营。所有这些都和伯格兄弟[译者注：《伯格兄弟》(The Burg)是2006年美国拍摄的一部电视喜剧，反映的就是潮人的生活]有关。

✎ 速写：潮人出行轻装简从，他们的生活环境和上世纪60年代的先辈们差不多，是那种城中村的场景。一定要画几个20多岁的年轻人，他们一手拿着布鲁克林啤酒，一手夹着香烟。画出这些年轻人的整体造型，他们身穿印有20世纪70年代标语的T恤衫，头戴卡车司机帽子或是软呢帽，鼻梁上架着厚厚的树脂框架眼镜，男生留着胡子而女孩则一头短发。

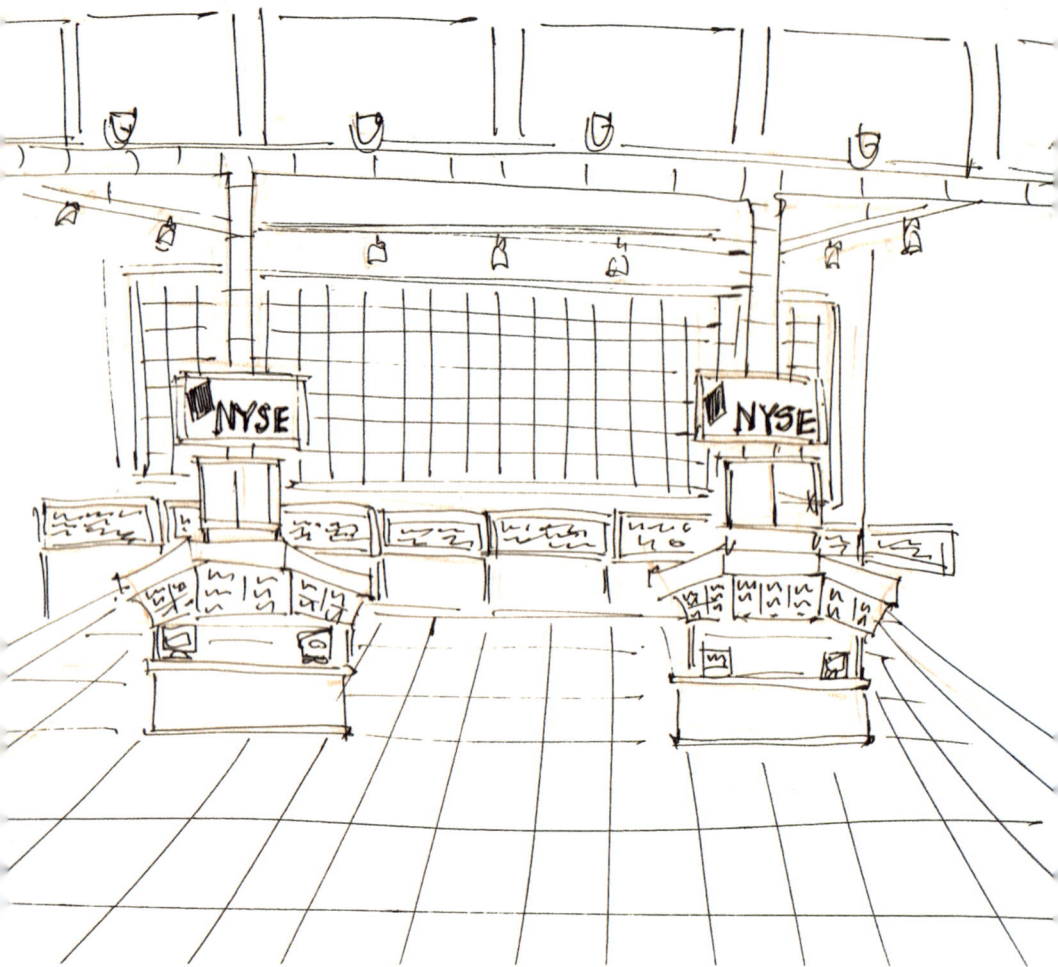

华尔街的股票经纪人

STOCKBROKERS ON WALL STREET

　　纽约是金钱和权力的代名词，而华尔街是一个可以在眨眼间得到或失去一切的地方。这里的至尊之地是位于华尔街11号的纽约证券交易所。每周一至周五的上午9:30到下午4:00，交易持续进行。到了下午4:05时，股票经纪人们就准备好去他们最喜欢的酒吧里，释放因操控别人的数百万美元而带来的压力。

✎ 速写：完成草图，展现纽约证券交易所主交易厅内景：股票经纪人们时刻紧盯股票行情跑马灯和不计其数的显示器。画上穿着背带裤、打着领带的人们，以及他们高高举起做手势的双手和表情生动的面孔。

在中央公园的马和马车

HORSE AND CARRIAGE RIDES IN CENTRAL PARK

　　在中央公园里，马车等待着来自世界各地的游客。无数对情侣在这令人难忘的45分钟马车旅程中，度过了温暖的夏夜或是清冷的冬日。很难找到比这里更浪漫的经典双轮马车了：伴随着嗒嗒的马蹄声，穿过公园蜿蜒的小径，经过池塘和小桥，回到哥伦布圆环宏伟的建筑之间。

✎ 速写：画出马和马车，车夫拉着缰绳，一对幸福的情侣依偎在车上欣赏四周美景，他们的腿上盖着毯子。想象一下，这是一个凉爽的秋日，画出一些从公园高大树木上飘下的五彩缤纷的落叶。

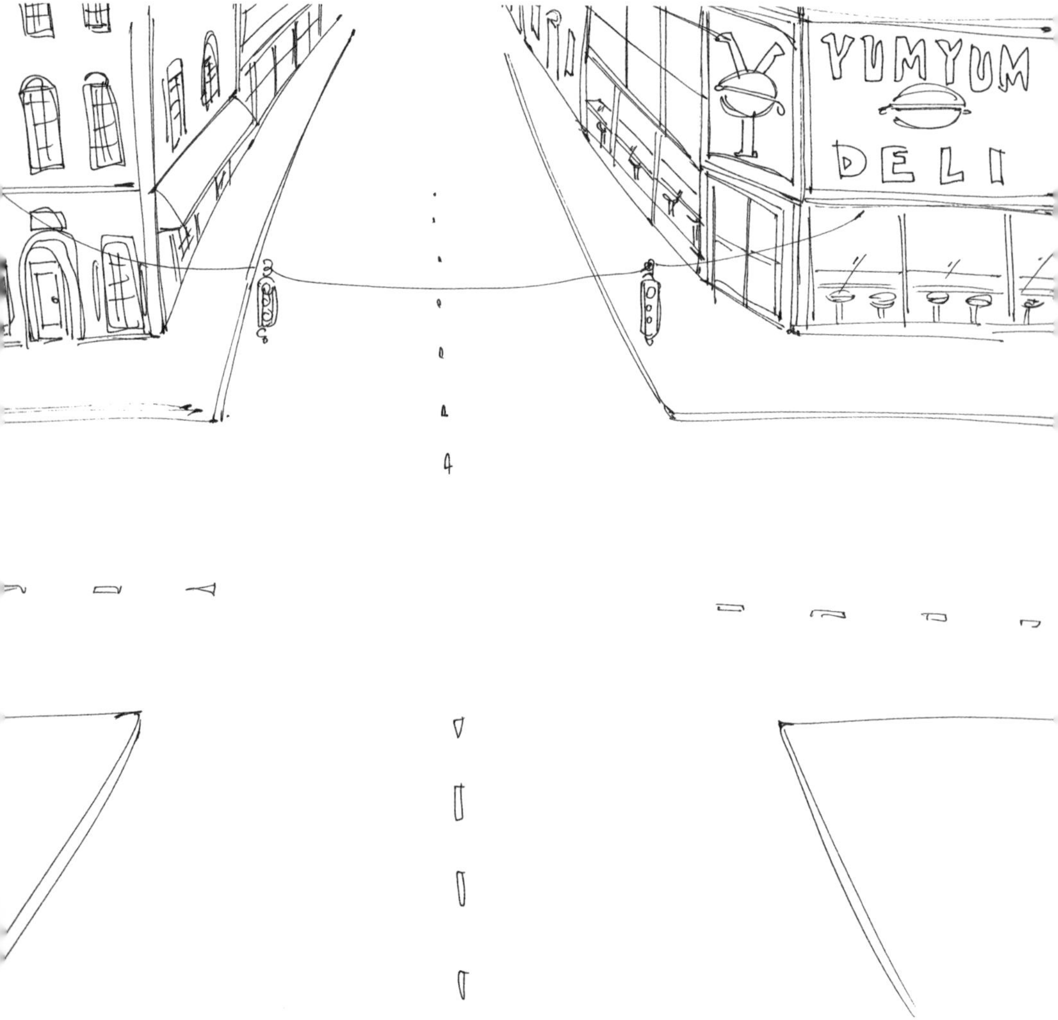
YUMYUM
DELI

纽约市出租车司机

NEW YORK CITY CABBIES

　　纽约出租车司机的工作可一点儿不轻松。他们必须应对全天24小时的不同的交通状况，此起彼伏的喇叭声、乘客们争着搭便车，不分昼夜地发生着。这就难怪你可能会遇到脾气火爆的司机了！但无论如何，你总能到达你的目的地，有可能偶尔会被极速穿行小小地惊到。

✏ 速写：展开想象力，画出一位纽约的出租车司机在交通高峰时段，驾车从其他车辆旁呼啸而过的场景。画出你坐在车后座上，透过一大堆购物袋向后窥视到的情景。其他司机可能把头探出车窗大声叫骂、狂按他们的喇叭，或是盯着信号灯发呆。

在公园狂欢

REVELERS IN THE PARK

在一个温暖晴朗的日子，中央公园里到处都是晒日光浴、滑旱冰、野餐、参加音乐会，甚至是来看戏的游客。

✏️ 速写：用画笔布置一个在中央公园河边野餐的场景，同时湖中有人在划船打发时间。在画的前景添上一座漂亮的小桥，在背景中画上树林和起伏的草地。在前景的中央位置，画上一个鸭子家族。

在上西区遛狗

DOG WALKERS ON THE UPPER WEST SIDE

　　纽约人爱狗，随着旅行的深入，你会发现那些被精心饲喂、养尊处优的狗狗。在社区里一家有名的狗狗用品商店里，开设了"我爱纽约"（I·❤·NY）专柜，所以那些人类最好的朋友可以得到最新的玩具饼干，或是最棒的"纽约警察局"运动衣，只要花钱就能买到。

✎ 速写：完成右侧的草图，一个人领着几只混种犬在上西区浓荫蔽日的街巷里闲逛。涂鸦一只贵宾犬或是苏格兰㹴利犬。狗狗完美体现了血统的延续。

纽约市消防局（FDNY）

THE NEW YORK CITY FIRE DEPARTMENT (FDNY)

纽约市消防局是世界第二大的消防局。在众多电影、电视剧、动画片和儿童读物中，11000名消防员守护着纽约5个区居民的安全。他们的消防站、制服和亮红色的消防车，都是安心和力量的象征。

✎ 速写：画出一队消防员着装完毕后，从大本营冲向消防车的情景。

门卫和行李员

DOORMEN AND BELLHOPS

这个城市里最奢华的酒店和公寓，都由着装优雅得体的门卫迎接客人或住户。一流酒店的行李员，时刻准备着帮客人牵狗、拿包、带孩子先到豪华套房去。

✎ 速写：补完右边的草图，一位行李员正在搬运行李。帽箱和奢侈品提包堆在硬质旅行箱上。为行李员画上他小盒子般的门童帽、洁白的手套和制服上亮闪闪的纽扣。想一个有趣或是颇具异国情调的名字，写在他的胸牌上。